NATIONAL GEOGRAPHIC KIDS

자연 다큐 백과
날씨와 재해

NATIONAL GEOGRAPHIC KiDS

자연 다큐 백과
날씨와 재해

캐시 퍼갱, 팀 사마라스 지음 / 이강환 옮김 / 윤성효 감수

차례

소개합니다! 6

❶ 날씨의 세계　　　　　　　　8
　날씨가 뭐예요? 10
　날씨의 시작, 태양 12
　날씨 예보관, 구름 14
　하늘에서 떨어지는 것들 16
　생생한 자연 관찰 돌고 도는 물 18

❷ 이상하고 요란한 날씨　　　20
　세계를 뒤흔드는 위험한 날씨 22
　강력한 회오리바람, 토네이도 24
　신비하고 기이한 날씨 현상 26
　잠깐, 이곳에서는 날씨를 조심하세요! ... 28
　찰칵! 날씨 사진전 자연의 예술 작품 ... 30

❸ 날씨 예측하기　　　　　　32
　날씨 관찰의 과거와 현재 34
　날씨 예보를 위한 기술 36
　위험한 날씨를 알리는 법 38
　용감한 폭풍 추적가 40
　자연의 힘 VS 사람의 힘 위대한 날씨 ... 42

❹ 재미있는 날씨 정보　　　　44
　날씨 탐정으로 변신! 46
　날씨가 나빠질 때는… 48
　날씨 미신의 진실을 밝혀라! 50
　우리의 생활과 날씨 52
　탐험가가 들려주는 뒷이야기 54

토네이도가 지나간 후에 56
도전! 날씨와 재해 박사 퀴즈를 풀며 용어를 익혀요 ...60
찾아보기 62

영국에서 열린 국제 연 축제 현장이에요. 연이 바람을 타고 하늘로 날아오르고 있어요.

소개합니다!

여러분은 이미 날씨 전문가예요.
날씨가 여러분의 생활에 어떤 영향을 미치는지 알고 있으니까요. 자, 한번 상상해 보세요. 어느 날 밤, 우렁찬 천둥소리가 여러분의 잠을 깨웠어요. 번개가 치고, 비가 창문을 두드리고, 바람이 거세게 부네요. 만약 밖에 있었다면 어땠을까요? 이런 상황에서 우산이 필요할까요? 아마 여러분은 날씨에 따라 무엇이 필요한지 쉽게 떠올릴 수 있을 거예요.
옛날 사람들은 미지의 힘이 날씨를 조종한다고 믿었어요. 하지만 이제는 날씨가 왜 변하는지 알아요. 그 힘이 너무 강력해서 아직 통제할 수 없지만요.
날씨가 나빠져 재해*가 생기면 우리의 일상도 심각하게 망가져요. 태풍, 장마, 홍수, 눈보라는 우리의 하루를 망칠 뿐만 아니라 집과 도시를 무너뜨릴 수도 있지요. 가뭄, 우박, 폭풍은 농작물과 집, 땅과 같은 재산에 피해를 주기도 하고요.
그러니까 마음의 준비를 단단히 하고 날씨에 대한 모든 것을 공부해 보아요!

*재해: 지진, 태풍, 홍수, 가뭄 등에 의해 입는 피해.

탐험가 인터뷰

안녕하세요. 나는 팀 사마라스라고 해요. 험악한 날씨를 좋아하지요. 나는 토네이도를 쫓고, 무시무시한 폭풍을 연구해요. 모든 사람들이 도망갈 때 토네이도를 향해 달려가는 사람이랍니다. 위험할 수도 있지만 덕분에 토네이도를 이해하는 데 도움이 될 만한 소중한 자료들을 많이 모았어요.

일곱 빛깔 무지개는 소나기가 온 뒤에 생겨요. 떨어지는 빗방울에 태양 빛이 반사되거나 빛의 방향이 바뀌면서 멋진 색이 만들어지는 거예요. 태양을 등지고 서 있으면 무지개를 볼 확률이 높아져요.

1 날씨의 세계

날씨가 뭐예요?

날씨는 공기, 즉 대기의 상태예요.
공기는 온도에 따라서 따뜻해졌다가 식기를 반복해요. 여기저기 이동하면서 바람을 일으키기도 하지요. 공기에 있는 물방울은 여러 가지 조건에 따라 안개, 비, 우박, 눈, 진눈깨비가 될 수 있어요. 이처럼 공기의 상태는 계속 변하고, 이 모든 것이 합쳐져서 날씨가 돼요. 그래서 너무 이상하고 예측할 수 없을 때도 있어요. 바로 아래의 경우처럼요!

회오리바람, 토네이도
깔때기 모양으로 부는 강한 바람인 토네이도는 아주 빠르게 움직여요. 언제 나타날지 예측하기도 어렵지요. 하지만 다행히 그리 멀리 이동하지는 않아요.

무시무시한 돌풍
갑자기 세게 부는 바람을 돌풍이라고 해요. 미국 뉴햄프셔주 워싱턴산은 돌풍이 많이 생기기로 유명하지요. 1934년에는 시속* 372킬로미터의 세계에서 두 번째로 강력한 바람이 불기도 했어요.

번쩍번쩍 위험한 번개
하늘에서 불꽃처럼 번쩍이는 번개는 브라질에 가장 많이 내리쳐요. 1년에 번개가 6000만 번이나 떨어지지요. 2018년에는 709킬로미터 길이의 세계에서 제일 긴 번개가 내리쳤어요.

*시속: 한 시간 동안 움직이는 거리.

안전한 곳을 찾아서!

날씨가 험하면 사람들은 안전한 곳으로 몸을 피해요. 그럼 동물들은 어디로 갈까요? 많은 동물들이 땅에 구멍을 파고 들어가서 자기를 보호해요. 땅속의 흙이 여름에는 몸을 식혀 주고, 겨울에는 추위에 얼지 않게 해 주거든요. 비가 올 때는 우산이 되어 주는 곳에서 비가 그칠 때까지 숨어 있어요.

날씨와 혼동되는 것은?

날씨와 기후는 달라요. 더운 여름과 추운 겨울은 날씨와 관련이 있어요. 하지만 계절의 변화는 기후 때문에 생겨요. 날씨와 기후는 무엇이 다를까요? 날씨는 그날그날 공기의 변화를 뜻해요. 그에 반해 기후는 1년처럼 긴 시간 동안 나타나는 비, 눈, 바람, 따위의 평균을 말하지요. 매일매일의 날씨가 모여 기후가 되는 셈이에요.

땅이 변하는 활동도 날씨가 아니에요. 이를테면 지진과 화산 활동은 날씨가 아니에요. 땅의 모양을 바꿀 뿐이지요. 날씨는 땅속이나 바다가 아닌 공기에서 일어나는 활동이에요.

잠깐 상식! 빗방울은 보통 시속 24~40킬로미터의 속도로 떨어져요.

날씨의 시작, 태양

태양은 날씨에 가장 큰 영향을 미쳐요.

지구에 열과 빛을 주면서 날씨를 변화시키는 중요한 존재지요. 그런데 태양은 도대체 얼마나 뜨겁길래 약 1억 5천만 킬로미터나 떨어진 지구에 영향을 주는 걸까요?

태양 한가운데 온도는 무려 1500만 도나 돼요! 그래서 지구는 태양의 열기를 충분히 느낄 수 있지요. 만약 태양이 지구에 열과 빛을 주지 않는다면 지구의 날씨는 지금과 아주 다를 거예요. 그렇다고 태양이 날씨를 전부 결정하는 건 아니에요. 지구의 자전*도 영향을 미치지요. 지구는 매일 제자리에서 한 바퀴 돌아요. 그러면서 공기가 움직이는 방향을 바꾸어요. 그러니까 날씨는 태양, 땅, 공기 모두의 영향을 받아 완성되는 거예요.

*지구의 자전: 지구가 남극과 북극을 잇는 선을 중심으로 하루에 한 바퀴씩 도는 현상.

태양 빛이 몸에 나쁠 수도 있다고요?

태양에서는 여러 종류의 빛이 나와요. 그중 '자외선'은 우리 피부를 까맣게 태우고 심각한 문제를 일으키기도 하지요. 하지만 너무 걱정 마세요! 다행히 자외선은 자외선 차단제, 일명 선크림으로 어느 정도 막을 수 있답니다. 자외선 차단제 용기에 적힌 SPF는 자외선 차단 지수를 의미해요. SPF 30은 자외선을 96.7퍼센트나 차단해 준다는 뜻이지요. 그러니까 자외선 차단제를 듬뿍 바르면 우리는 자외선에서 안전할 수 있어요.

지구를 둘러싼 대기권

지구는 공기로 둘러싸여 있어요. 이 공기층을 대기권이라고 하지요. 대기권은 높이에 따라 대류권, 성층권, 중간권, 열권, 외기권으로 나누어요. 지구 표면에서 가장 가까운 대류권에서 날씨가 생긴답니다.

외기권(500킬로미터 이상)
우주와 이어져요.
인공위성이 돌아요.

열권(80~500킬로미터)
우주선이 다니는 길이에요.
남극과 북극의 오로라도 여기서 나타나요.

오로라

중간권(50~80킬로미터)
유성*이 여기서 타요.

*유성: 우주에 떠다니는 암석이 지구로 떨어져 대기에서 타는 것.

성층권(약 10~50킬로미터)
비행기와 기상 관측 기구가 나는 곳이에요.

대류권(지표*~약 10킬로미터)
대부분의 날씨가 여기서 나타나요.

*지표: 지구의 표면.

기압과 날씨

지구의 공기는 항상 우리를 누르고 있어요. 공기가 누르는 힘을 '기압'이라고 하지요. 우리는 기압을 실제로 느끼지 못해요. 하지만 기압은 날씨를 예측하는 데 중요한 역할을 한답니다. 기압이 높으면 날씨가 좋아지고, 낮으면 비나 폭풍이 올 수 있거든요. 기압은 '기압계'라는 도구로 측정할 수 있어요.

잠깐 상식! 자외선을 오래 쬐면 피부에 화상*을 입기도 해요.

*화상: 높은 온도의 기체, 액체 등에 피부가 데었을 때 생기는 상처.

날씨 예보관, 구름

구름은 날씨를 미리 알려 주는 신호예요.
오늘 맑을지, 아니면 비가 올지 등 날씨에 대한 단서를 찾고 싶다면 구름을 보면 된답니다. 공기의 상태와 앞으로 펼쳐질 날씨에 대해 많은 것을 알려 주거든요.
구름은 공기와 물로 이루어져 있어요. 날씨가 좋을 때는 따뜻한 공기가 위로 올라가서 구름 속의 물을 밀어 올려요. 그러면 빗방울이 떨어지지 않지요. 하지만 구름 속 빗방울이 점점 커져서 무거워지면 땅으로 떨어져요. 비나 눈이 내리는 거예요.

구름은 얼마나 무거울까?
가벼운 솜털같이 생긴 적운의 무게는 보통 약 50만 킬로그램 정도예요. 아프리카 코끼리 78마리의 무게와 비슷하지요. 비를 잔뜩 머금은 적란운의 무게는 10억만 킬로그램으로 아프리카 코끼리 15만 7000마리의 무게와 비슷해요.

흐림
회색 구름이 낮게 깔렸어요.

맑음
솜털 같은 뭉게구름이 떠 있어요.

잠깐 상식! 안개는 층운과 만들어지는 원리가 같아요. 안개는 땅 근처에, 층운은 하늘에 있다는 점만 다르지요.

적란운 (쌘비구름)

이 구름은 괴물 구름이에요. 위로 올라가는 공기가 솜털 같은 적운을 부풀게 해서 하늘 위 최대 12킬로미터 높이까지 밀어 올리지요. 대류권 꼭대기에 다다르면 윗부분이 탁자처럼 편평해져요.

날씨 나쁨! 얼른 피할 곳을 찾아요. 비나 우박이 쏟아질 거예요.

권운 (새털구름)

듬성듬성한 머리카락처럼 생긴 이 구름은 높은 하늘에 얇게 걸려 있어요. 작은 얼음 알갱이들로 이루어져 있답니다.

날씨가 나쁘거나 좋음! 폭풍이 오고 있거나 폭풍이 거의 끝날 때 보여요.

권층운 (털층구름)
권적운 (털쌘구름)
고층운 (높층구름)
고적운 (높쌘구름)
층적운 (층쌘구름)
난층운 (비층구름)

적운 (쌘구름/뭉게구름)

공기 중 낮은 곳에 떠 있고, 푸른 하늘에서 볼 수 있지요. 뜨거운 공기가 올라갈 때 만들어지고, 밤에 공기가 식으면 사라져요.

날씨 좋음! 맑은 날에 보여요. 하지만 모양이 바뀌면 곧 비가 올 수 있으니 조심하세요!

층운 (층구름)

하늘에 낮게 깔린 이 구름은 세상을 어두운 회색빛으로 만들어요. 한낮에도 어둡게 하지요. 땅 가까이 차갑고 습한 공기가 지나갈 때 생겨요.

날씨 나쁨! 우산을 준비하세요. 곧 비가 올 테니까요.

탐험가 인터뷰

나는 항상 멋진 적란운을 찾아다녀요. 적란운에서 깔때기구름과 그 구름을 만들어 내는 소용돌이도 찾아다니지요. 내 연구의 핵심 주제인 토네이도를 만들거든요. 깔때기구름은 먼지, 물방울과 구름 스스로 회전하면서 땅에서 끌어올린 잔해*들로 이루어졌어요.

*잔해: 부서지거나 못 쓰게 되어 남은 물체의 조각들.

하늘에서 떨어지는 것들

하늘 위 구름에서 땅으로 떨어지는 물방울이나 얼음 조각 등을 강수라고 해요.
공기 중의 수증기가 구름이 되었다가 무거워져서 여러 모습으로 땅에 떨어지는 거지요. 강수에는 비, 어는비, 진눈깨비, 눈, 우박이 있어요. 가끔 강수가 반갑지 않을 때도 있지만, 강수 없이는 지구의 어떤 생명체도 살아갈 수 없어요.

하늘에서 음식이 떨어질 수는 없어요. 하지만 **물방울**이나 **얼음 알갱이**는 떨어질 수 있죠!

진눈깨비
얼음 알갱이가 땅으로 떨어지면서 부분적으로 녹았다가 다시 얼 때 만들어져요. 비와 눈이 섞인 모습이지요. 주로 겨울에 볼 수 있어요.

비
높이 있는 차가운 구름 속에서 무거워진 얼음 알갱이가 떨어지는 거예요. 여름에도 얼음 알갱이인 상태로 떨어지지만, 땅 근처의 따뜻한 공기를 만나면서 녹아 빗방울이 돼요.

어는비
겨울에 내린 비가 어떤 표면에 닿자마자 바로 얼면서 만들어져요. 길에 얼음 층을 만들어서 운전하는 사람들에게 매우 위험해요.

잠깐 상식! 우박은 보통 네 살 아이의 손톱 정도 크기예요.

우박
하늘에서 떨어지는 얼음덩어리예요. 적란운 속 물방울이나 얼음 알갱이가 갑자기 차가운 공기를 만나 얼음덩어리가 되면서 그 무게를 이기지 못하고 땅에 떨어지는 거예요.

온도를 나타내는 단위
온도를 표시하는 단위는 섭씨(°C)와 화씨(°F)가 있어요. 온도는 똑같은데 표시만 다르게 하는 거예요. 예를 들어, 우리나라 서울의 온도를 나타낼 때 섭씨 24도는 화씨 75도와 같아요. 세계 대부분의 나라는 섭씨를 사용해요. 섭씨를 화씨로 바꾸려면 어떻게 계산해야 할까요? 섭씨 온도에 9를 곱하고 다시 5로 나눈 다음 32를 더하면 돼요.

예: 24°C×9÷5+32=75.2°F

눈
구름 속에서 무거워진 얼음 알갱이가 땅으로 떨어지는 거예요. 공기가 차가워서 녹지 않고 언 채로 떨어지지요.

숫자로 알아보아요!

0 밀리미터 — 4년 동안 칠레 북부 아타카마 사막의 안토파가스타 지역에 온 비의 양.

172 개월 — 역사상 가장 오랫동안 비가 오지 않은 기간(칠레 아리카).

20 센티미터 — 미국 사우스다코타주에 떨어진 세계에서 가장 큰 우박의 지름*.

870 밀리미터 — 우리나라에서 하루 동안 가장 많이 내린 비의 양(2002년 8월 31일).

1825 밀리미터 — 세계에서 24시간 동안 가장 많이 내린 비의 양(인도양 남부 레위니옹섬).

27,000 밀리미터 — 세계에서 1년 동안 가장 많이 내린 비의 양(인도 체라푼지).

*지름: 원의 중심을 지나는 직선의 길이.

생생한 자연 관찰
돌고 도는 물

지구에 존재하는 물은 돌고 돌아요.
이를 '물의 순환'이라고 하지요. 땅과 강, 바다의 물이 수증기가 되어 하늘로 올라가고, 하늘에서 다시 떨어지는 거예요. 그래서 과학자들은 우리가 오늘날 마시고, 씻고, 식물에게 주는 물이 공룡 시대 훨씬 전부터 있었다고 생각해요. 물의 순환은 다음과 같이 이루어진답니다.

증발
폭포, 강, 호수, 바다 등의 물이 수증기가 돼서 공기 중으로 날아가는 거예요.

유수
지표에 흐르는 물을 유수라고 해요. 물은 지하수, 호수, 강, 바다 등의 모습으로 지표의 70퍼센트를 덮고 있어요.

응결
수증기가 차가운 공기를 만나 물방울이 되는 거예요. 응결된 물방울이 모여 공기 중에 떠 있는 것이 구름이지요. 더운 날 차가운 물을 유리잔에 부어 두면 유리잔 바깥 면에 물이 생기는 것과 같은 원리랍니다.

강수
구름 속에 너무 많은 물방울이 모이면 무거워서 더 이상 버티지 못해요. 그러면 응결된 물방울이 비, 우박, 진눈깨비, 눈 등이 되어 아래로 떨어져요.

침투
육지로 떨어진 물이 땅속으로 스며드는 현상이에요. 이 땅속의 물을 지하수라고 하지요. 땅 위에서 호수, 강 등으로 모이기도 해요.

중국과 베트남의 사이에 있는 더톈폭포의 모습이에요. '고귀한 하늘'이라는 뜻이지요. 아시아를 대표하는 큰 폭포 중 하나예요.

강력한 태풍은 거대한 폭풍해일*을 일으키기도 해요. 폭풍해일은 주변의 모든 것을 부수고 사람들에게 치명적인 피해를 주어요.

*폭풍해일: 태풍 등으로 바닷물의 높이가 급격히 높아지는 현상.

2 이상하고 요란한 날씨

세계를 뒤흔드는 위험한 날씨

날씨는 강력한 파괴력으로 심각한 상황을 만들어 내기도 해요. 사람과 동물을 위협하고 건축물을 쑥대밭으로 만들기도 하지요. 자, 그럼 우리를 위험에 빠뜨리는 날씨에는 어떤 것들이 있는지 살펴볼까요?

허리케인

강한 바람과 많은 비를 일으키는 열대저기압*이에요. 북반구*에서는 반시계 방향, 남반구에서는 시계 방향으로 중심을 향해 말려 들어가는 모양으로, 소용돌이처럼 보이지요. 한가운데 까만 점처럼 보이는 '눈'도 있어요. 따뜻한 바닷물 위에서 열대저기압으로 시작해 풍속*이 시속 119킬로미터를 넘으면 허리케인이 돼요. 다행히 허리케인은 바다에만 머물다가 사라지는 경우도 많답니다.

허리케인은 발생하는 바다에 따라 부르는 이름이 달라요. 카리브해, 북대서양, 태평양 북동부 등에서 발생하면 '허리케인', 인도양, 아라비아해에서 발생하면 '사이클론', 필리핀과 가까운 바다에서 생기면 '태풍'이라 부르지요. 우리나라에서는 태풍이라고 해요.

*저기압: 같은 높이의 주위보다 기압이 낮은 곳.
*북반구: 적도를 기준으로 지구를 둘로 나누었을 때 북쪽 부분. 반대쪽을 남반구라고 한다.
*풍속: 바람의 속도.

잠깐 상식! 우리나라에 가장 큰 피해를 입힌 태풍은 2002년에 발생한 '루사'예요.

천둥과 번개

하늘에서 번쩍이는 번개는 먹구름 속에서 물방울과 얼음 알갱이들이 부딪힐 때 만들어져요. 이때 구름 속에서 순간적으로 강력한 전기가 생기면서 번개가 치는 거예요. 천둥은 번개가 칠 때 생기는 열 때문에 먹구름 속 공기가 부풀어 터지면서 나는 큰 소리예요. 그래서 항상 번개 다음에 천둥이 친답니다.

홍수

냇물, 강, 개천에 너무 많은 비가 내려 물이 넘치는 현상이에요. 물의 높이가 점점 높아지다가 물을 가두고 있던 약한 부분이 부서지면서 넘치는 것이지요. 또 빗물이 땅속으로 자연스럽게 스며들지 못해 건물이나 지하 시설이 물에 잠기기도 해요. 홍수는 비가 내리기 시작하고 단 몇 분 만에도 일어날 수 있어서 더 위험해요.

폭설

겨울철에 많은 양의 눈이 한꺼번에 내리는 것을 폭설이라고 해요. 우리나라는 24시간 동안 5센티미터 이상의 눈이 내릴 것으로 예상될 때 대설주의보를 내려요.

가뭄

충분한 양의 비나 눈이 오지 않아서 물이 부족해지는 현상이에요. 냇물, 강, 호수를 마르게 하고, 식물을 죽이고, 농사를 망치고, 곳곳에 화재가 잘 일어나게 하는 등 넓은 지역에 심각한 영향을 미쳐요.

얼마나 강력한 허리케인일까요?

바람 연구가 허브 사피어와 기상 연구가 밥 심슨은 다가오는 허리케인이 얼마나 강력한지 알리기 위해 아래와 같이 등급을 나누었어요. (출처: 미국 국립 허리케인 센터)

사피어-심슨 허리케인 풍속 등급

등급	풍속과 피해 규모
1	시속 119~153킬로미터. 나무나 해안가 일부 건물에 피해가 생김.
2	시속 154~177킬로미터. 나무나 건물의 지붕, 창문이 부서짐.
3	시속 178~208킬로미터. 큰 나무가 꺾이고 건물과 담장이 부서짐.
4	시속 209~251킬로미터. 담장이 무너지고 육지가 물에 잠김.
5	시속 252킬로미터 이상. 작은 건물이 날아가고 도로가 파괴됨.

※ 우리나라는 열대저기압 중심의 최대 풍속이 시속 61킬로미터를 넘으면 태풍이라 불러요. 태풍의 강도를 어떻게 구분하는지 알고 싶다면 기상청 날씨누리 홈페이지(weather.go.kr)를 확인해 보세요.

강력한 회오리바람, 토네이도

토네이도는 깔때기 모양으로 빠르게 회전하는 바람이에요. 천둥과 번개를 동반한 강한 폭풍우가 휘몰아칠 때 만들어지지요. 한 시간 동안 평균 풍속 180킬로미터 혹은 그 이상으로 움직일 만큼 강력해서 지나가는 길에 있는 것들을 모조리 휩쓸어 버릴 수 있어요. 주로 미국에서 많이 볼 수 있어요.

슈퍼셀
빠르게 회전하며 강력한 토네이도를 만들어 내는 구름을 슈퍼셀이라고 해요. 파괴력이 강해 구름 괴물이라는 별명이 있지만, 우리나라에서 발생할 확률은 낮아요

잠깐 상식! 토네이도는 남극을 제외한 모든 대륙*에서 일어나요.

*대륙: 크고 넓은 면적의 육지. 아시아, 유럽, 북아메리카, 남아메리카, 아프리카, 오스트레일리아, 남극이 있다.

불기둥이 솟아요!

바람과 불로 이루어진 토네이도예요. 야외에서 불이 났을 때 일어나요. '불의 악마'라고도 불러요.

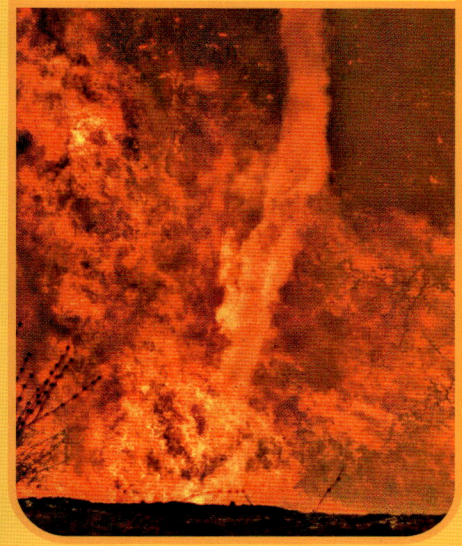

토네이도 가족

토네이도는 여러 개가 나란히 또는 서로 포개어 이동하기도 해요. 주로 슈퍼셀에서 만들어져요.

깔때기구름

적운이나 적란운에서 만들어지는 깔때기 모양의 구름이에요. 땅에 닿으면 토네이도가 돼요.

물기둥이 생겼어요!

물 위에서 만들어지는 깔때기 모양의 기둥이에요. 우리나라에서는 땅과 물에서 생기는 토네이도를 모두 '용오름'이라고 부르기도 해요.

개량 후지타 등급

토네이도 전문가 테츠야 후지타는 바람의 속도와 피해의 정도에 따라 아래와 같이 토네이도의 등급을 나누었어요. (출처: The Old Farmer's Almanac, 2009)

EF0
시속 105~137킬로미터. 지붕의 기왓장이 뜯기거나 나뭇잎이 날리는 정도.

EF1
시속 138~178킬로미터. 지붕과 간판이 날아가는 피해.

EF2
시속 179~218킬로미터. 나무가 뿌리째 뽑히고 낡은 집이 무너지는 피해.

EF3
시속 219~266킬로미터. 조립식 벽이 무너지는 심한 피해.

EF4
시속 267~322킬로미터. 대부분의 집이 무너지는 엄청난 피해.

EF5
시속 322킬로미터 이상. 철과 콘크리트로 만든 건물까지 무너지는 끔찍한 피해.

신비하고 기이한 날씨 현상

자연재해같이 우리에게 피해를 주는 날씨가 있는가 하면, 신비롭고 아름다운 날씨도 있어요.
아주 드물어서 보는 사람 누구나 놀랄 수밖에 없지요.
대자연의 몇몇 독특한 날씨 현상을 만나 보세요!

하늘에서 동물이 떨어진다고요?

개구리와 물고기가 하늘에서 떨어진다면 어떨까요? 물에서 물고기나 개구리를 빨아올린 용오름이 육지 가까이에서 힘을 잃으면 회오리바람에 휘말려 있던 동물들이 우수수 떨어져요.

오로라

하늘에서 볼 수 있는 신비로운 빛의 커튼이에요. 아이슬란드, 노르웨이, 오스트레일리아 등에서 볼 수 있어요. 태양에서 온 전기를 띠고 있는 입자*들이 땅 위 수 킬로미터 높이에 있는 기체들과 충돌하면서 빛을 내는 현상이에요.

*입자: 물질을 구성하는 아주 작은 크기의 물체. 눈에 보이지 않을 정도로 작다.

잠깐 상식! 번개의 온도는 28,000도까지 올라갈 수 있어요.

두루마리눈
적당한 습기를 머금은 눈이 바람에 날려 데구루루 구르면서 두루마리 화장지처럼 원통 모양의 눈덩이가 되었어요.

탐험가 인터뷰
자연은 언제나 우리를 놀라게 하고 심지어 두려움에 떨게 해요. 하지만 나는 아름답고 강력한 폭풍들을 보며 자극을 받아요. 폭풍을 향한 나의 열정은 여섯 살 때 영화 「오즈의 마법사」에 등장한 환상적인 토네이도를 보면서 시작되었어요. 주인공 도로시가 토네이도에 휩쓸리는 장면은 퍽 인상적이었거든요. 날씨는 사람들에게 강한 인상을 줘요. 그래서 놀라운 날씨를 처음 경험하게 되면 결코 잊지 못하는 거랍니다.

불무지개 (환수평호)
구름 위에서 알록달록 불꽃처럼 반짝이는 무지개예요. 둥글게 휘어진 일반적인 무지개와는 모양이 다르지요. 불무지개는 나타나기 까다로우므로 이를 본 사람은 행운이라고 생각해도 좋아요.

구상 번개
천둥과 번개가 심할 때 구상 번개는 붉은색, 주황색, 푸른색, 노란색 등으로 빛나요. 작은 공 모양이지요. 너무 빨리 지나가고 예측하기도 어려워 미지의 날씨라 여겨요.

잠깐, 이곳에서는 날씨를 조심하세요!

자연재해는 전 세계 어디서나 나타날 수 있고, 같은 곳에서 반복해서 일어나기도 해요. 그 지역에서 계절에 따라 부는 바람과 수증기*가 위험한 날씨를 계속 만들어 내기 때문이에요.

*수증기: 물이 온도나 압력에 의해 기체로 변한 상태.

북아메리카

토네이도
토네이도는 미국에서 가장 많이 발생해요. 편평한 땅으로 이루어진 텍사스의 대평원은 토네이도의 통로라고 불릴 정도로 토네이도가 자주 나타난답니다.

카리브해

열대저기압
태풍, 허리케인, 사이클론 등으로 불리는 열대저기압은 따뜻한 열대 바다에서 만들어져요. 그래서 대부분 폭풍해일을 일으키지요. 동태평양에서 열대저기압이 자주 생기는 시기는 5월 15일에서 11월 30일 사이예요. 대서양은 6월 1일부터 11월 30일이고요.

남아메리카

가장 메마른 곳
칠레 아타카마 사막

잠깐 상식! 우리나라 날씨 예보 정확도는 92퍼센트가 넘어요.

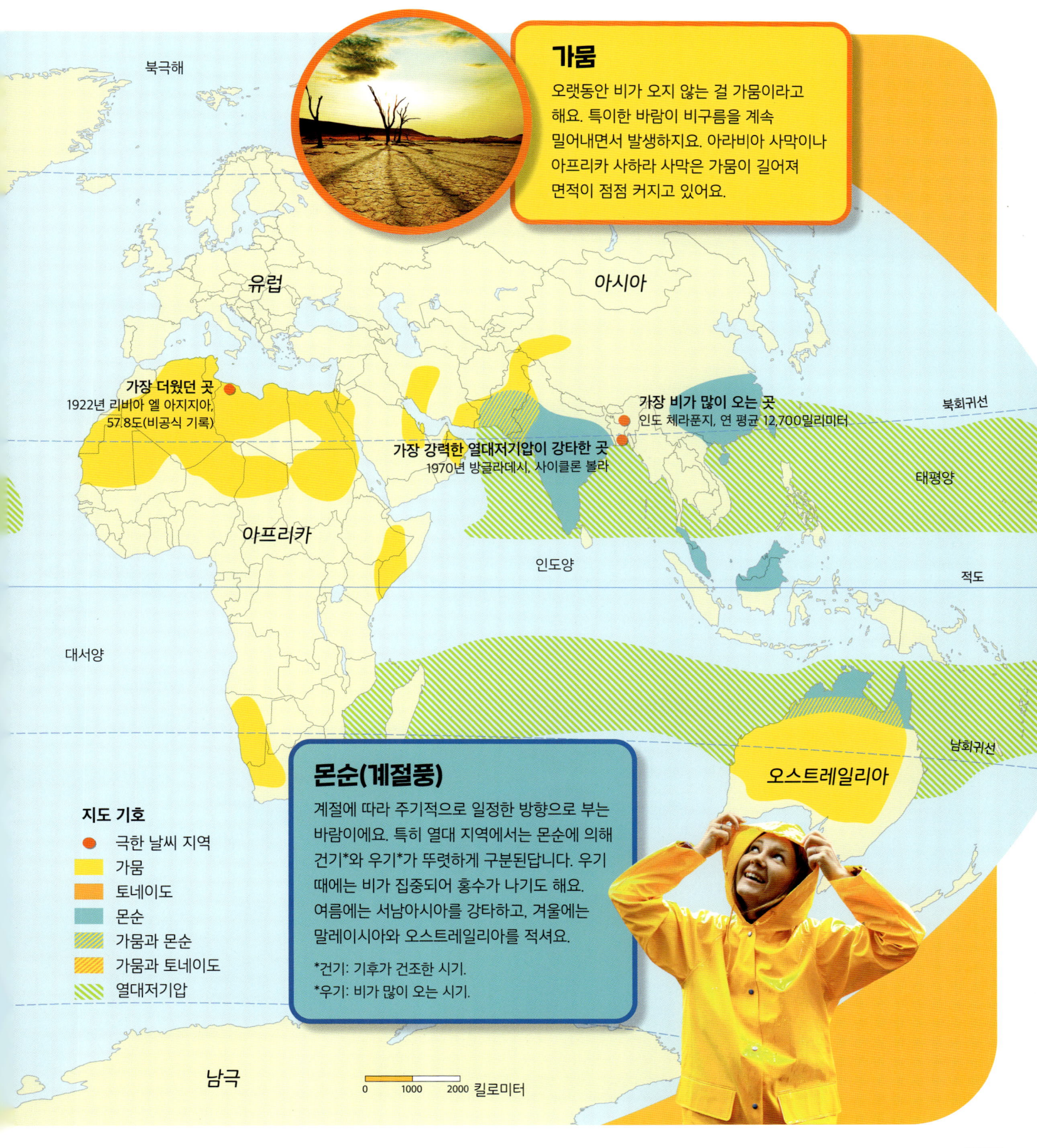

가뭄

오랫동안 비가 오지 않는 걸 가뭄이라고 해요. 특이한 바람이 비구름을 계속 밀어내면서 발생하지요. 아라비아 사막이나 아프리카 사하라 사막은 가뭄이 길어져 면적이 점점 커지고 있어요.

가장 더웠던 곳
1922년 리비아 엘 아지지아, 57.8도(비공식 기록)

가장 강력한 열대저기압이 강타한 곳
1970년 방글라데시, 사이클론 볼라

가장 비가 많이 오는 곳
인도 체라푼지, 연 평균 12,700밀리미터

몬순(계절풍)

계절에 따라 주기적으로 일정한 방향으로 부는 바람이에요. 특히 열대 지역에서는 몬순에 의해 건기*와 우기*가 뚜렷하게 구분된답니다. 우기 때에는 비가 집중되어 홍수가 나기도 해요. 여름에는 서남아시아를 강타하고, 겨울에는 말레이시아와 오스트레일리아를 적셔요.

*건기: 기후가 건조한 시기.
*우기: 비가 많이 오는 시기.

지도 기호
- 극한 날씨 지역
- 가뭄
- 토네이도
- 몬순
- 가뭄과 몬순
- 가뭄과 토네이도
- 열대저기압

찰칵! 날씨 사진전
자연의 예술 작품

모든 날씨는 아름다워요.
대자연이 만드는 또 하나의 멋진 작품이지요. 여기서 잠깐 대자연의 놀라운 능력을 살펴보세요!

아프리카 마다가스카르섬에 가뭄이 오면 먼지 폭풍이 일어요. 사람들과 가축들이 먼지 폭풍을 피하고 있어요.

미국 올림픽 국립 공원에 있는 허리케인 릿지 언덕이에요. 눈이 녹다가 다시 추워지면서 고드름이 빽빽이 만들어졌어요.

맑은 날이면 영국 햄프셔주의 자갈 해변에서 환상적인 일몰*을 볼 수 있어요.

캐나다 레스티구치강 위를 덮은 두터운 안개예요. 태양이 높이 뜨기 전 이른 아침에 자주 나타나요.

*일몰: 해가 지는 것.

바다로 떨어지는 번개의 모습이에요. 아주 드물게 나타나는 현상이지요. 보통 물에 닿으면 번개가 퍼져 버리거든요.

남아프리카의 겜스복 국립 공원에서 사자가 모래 폭풍을 정면으로 맞고 있어요.

바람과 비가 만든 신기한 모양의 바위예요. 이집트 카이로에서 볼 수 있어요.

빛과 구름이 잘 어우러지면 사진과 같은 띠 모양의 비를 볼 수 있어요.

1896년에 처음 발명된 기상 관측 기구 '라디오존데'는 풍선에 매달려 하늘 높이 올라가 기온, 기압, 습도 등 날씨 정보를 수집해요. 지금도 매일 전 세계 약 900곳의 라디오존데 관측소에서 라디오존데가 하늘로 띄워져요.

3 날씨 예측하기

날씨 관찰의 과거와 현재

**사람들은 수백 년 동안
날씨가 어떻게 나타나는지 알지 못했어요.**
그저 신처럼 강력한 힘을 가진 누군가가 날씨를 지배한다고 생각했지요. 시간이 흘러 사람들은 하늘과 구름을 관찰하며 날씨를 예측했지만, 그렇게 정확하지는 않았어요. 그러다 1600년대 중반, 과학자들이 날씨 관측에 도움을 주는 기계들을 개발했어요. 덕분에 날씨 관측은 조금씩 믿을만해졌지요. 하지만 여전히 자료가 부족했어요. 1900년대 이후가 되어서야 과학자들은 날씨를 훨씬 더 정확하게 관측할 수 있는 기술을 개발했고 충분한 자료를 얻을 수 있었어요. 아마 기술은 계속 발전하고 있기 때문에 앞으로 더 정확하게 날씨를 관측하고, 재해로부터 더 많은 생명을 구할 수 있을 거예요. 공학자들이 영국 템스강에 만든 템스 장벽이 런던 시내를 홍수에서 지켜 준 것처럼요! 끊임없이 변화하는 날씨에 맞서 기상학자들과 공학자들은 오늘도 새로운 아이디어를 내며 도전하고 있답니다.

*관측: 눈이나 기계로 날씨와 우주 등 자연 현상의 상태, 변화를 관찰하고 측정하는 일.

템스 장벽

숫자로 알아보아요!

6개월 북서태평양에서 태풍이 발생하는 기간(5~10월).

25.1개 1년 동안 우리나라에 영향을 주는 평균 태풍 개수(1991~2020년).

56.7도 공식적으로 기록된 역대 가장 높은 기온(미국, 1913년).

360개 24시간 동안 가장 많이 발생한 토네이도 개수(미국, 2011년 4월).

잠깐 상식! 조선 시대에 제작된 '측우기'는 세계 최초로 발명된 강수량* 측정 기구예요.

*강수량: 일정 기간 동안 일정한 곳에 내린 비, 눈, 우박 등 물의 양.

놀라운 발견

발명가 벤자민 프랭클린은 연을 이용하여 번개가 전기 성질을 띤다는 사실을 알아냈어요. 1752년, 그는 나무 막대, 비단 손수건과 노끈으로 연을 만들었어요. 그런 다음 긴 철사를 안테나처럼 뾰족 튀어나오게 붙이고, 줄에 금속 열쇠를 매달아 폭풍 구름 속으로 연을 띄웠지요. 마침내 번개가 연을 때리고 전기는 줄을 따라 열쇠까지 전달됐어요. 프랭클린은 안전 장치를 한 손으로 열쇠를 만져 전기를 느꼈지요. (절대 따라 하지 마세요!) 이후 프랭클린은 자기 집 지붕에 끝이 뾰족한 금속 막대기인 피뢰침을 설치해 번개가 치면 종이 울리는 장치를 만들었답니다.

역사를 만든 날씨

날씨가 중요한 전투나 우주선 발사에도 영향을 미칠 수 있을까요? 알다시피 아무리 힘센 장군이나 똑똑한 과학자들도 날씨를 통제할 수는 없어요. 한 치의 실수 없이 해내야 하는 중요한 일일지라도 변화무쌍한 날씨 앞에서는 어쩔 수 없지요. 다음은 날씨의 영향을 받은 역사적인 사건이에요.

우주왕복선 애틀랜티스호 발사 우주왕복선을 발사하려면 맑고 구름이 없어야 해요. 그래서 구름이나 폭풍 때문에 발사가 미뤄지는 건 흔한 일이지요. 애틀랜티스호가 발사되기 이틀 전에도 폭풍 때문에 취소될 확률이 70퍼센트라고 예측되었어요. 하지만 날씨는 곧 좋아졌고, 발사는 계획대로 이루어졌어요.

노르망디 상륙 작전 제2차 세계 대전의 흐름을 바꾼 이 작전도 날씨 때문에 취소될 뻔했어요. 몇 주 동안 날씨가 너무 좋지 않았거든요. 결국 비가 계속 내려 작전은 5월 말에서 6월 초로 미뤄졌어요.

날씨와 우리 속담

다음은 오래전부터 전해 내려온 날씨와 관련된 속담이에요. 과학적으로 날씨를 예측할 수 없었던 우리 조상들이 오랫동안 날씨를 관찰하며 만들었지요. 그래도 속담을 너무 믿지는 말고 일기 예보를 꼭 확인하세요!

- 아침에 하늘이 붉으면 비가 오고, 저녁에 하늘이 붉으면 날이 맑다.
- 밤에 맑으면 춥다.
- 달무리*가 지면 곧 비가 온다.
- 귀뚜라미가 힘차게 울면 날이 따뜻하다.
- 겨울밤 구름 한 점 없이 맑으면 곧 눈이 온다.

*달무리: 달 주위에 나타나는 동그란 빛의 띠.

날씨 예보를 위한 기술

정확하게 날씨를 예보*하는 것은 무척 어렵지만
오늘날 예보를 뒷받침할 만한 과학 기술은 충분히 발달했어요.
우산을 챙겨야 할지, 자외선 차단제를 발라야 할지 정확한 날씨 예보를 위해
기상학자들이 사용하는 기술들을 알아보아요.

우리나라에서는 '기상청'에서 **날씨**를 **관측**하고 사람들에게 알려요.

온난전선
가볍고 따뜻한 공기덩어리가 무겁고 찬 공기덩어리 위를 타고 올라갈 때 생기는 전선. 이 전선이 지나가면 기온이 올라가요.

한랭전선
무겁고 찬 공기덩어리가 가볍고 따뜻한 공기덩어리를 밀며 아래로 파고들 때 생기는 전선. 이 전선이 지나가면 추워져요.

기압
대기의 압력. 우리나라에서는 기압이 낮은 지역은 '저', 높은 지역은 '고'로 표시해요.

폐색전선
따뜻한 공기덩어리와 차가운 공기덩어리가 겹쳐진 부분. 매우 넓은 지역에 걸쳐 비가 내려요.

기상 캐스터*가 일기도를 보면서 날씨를 설명하고 있어요.
일기도는 기온과 기압, 풍속, 풍향, 구름의 양 등을 나타내요.

*예보: 앞으로 일어날 일을 미리 알리는 것.   *기상 캐스터: 날씨 정보를 모아 뉴스를 통해 전달하는 사람.

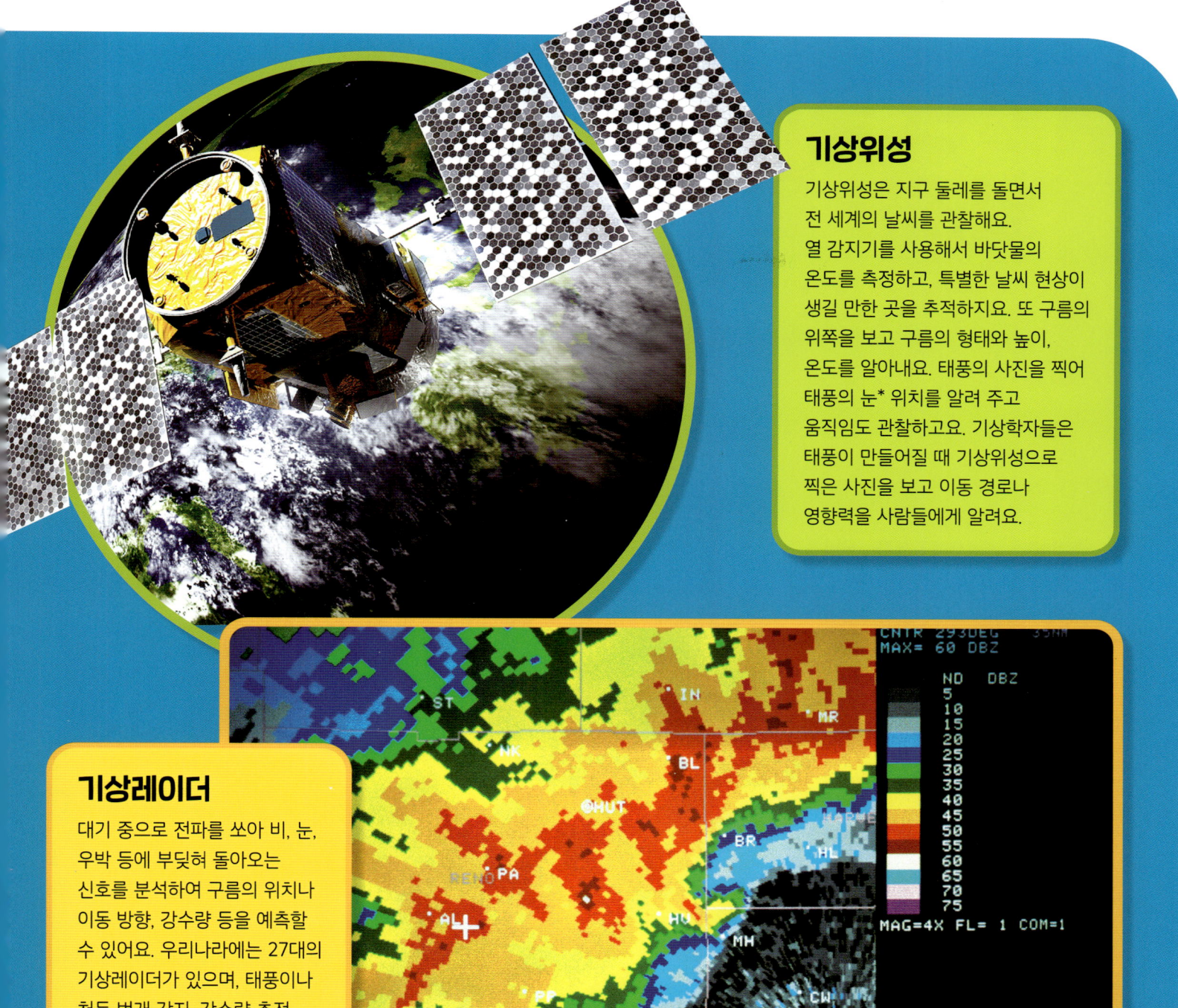

기상위성

기상위성은 지구 둘레를 돌면서 전 세계의 날씨를 관찰해요. 열 감지기를 사용해서 바닷물의 온도를 측정하고, 특별한 날씨 현상이 생길 만한 곳을 추적하지요. 또 구름의 위쪽을 보고 구름의 형태와 높이, 온도를 알아내요. 태풍의 사진을 찍어 태풍의 눈* 위치를 알려 주고 움직임도 관찰하고요. 기상학자들은 태풍이 만들어질 때 기상위성으로 찍은 사진을 보고 이동 경로나 영향력을 사람들에게 알려요.

기상레이더

대기 중으로 전파를 쏘아 비, 눈, 우박 등에 부딪혀 돌아오는 신호를 분석하여 구름의 위치나 이동 방향, 강수량 등을 예측할 수 있어요. 우리나라에는 27대의 기상레이더가 있으며, 태풍이나 천둥 번개 감지, 강수량 측정 등에 이용되어요.

잠깐 상식! 기상레이더 중 하나인 도플러 레이더는 아주 민감해서 곤충이나 공기 중 먼지의 움직임까지도 알아챌 수 있어요.

*태풍의 눈: 태풍 한가운데에 있는 까만 점. 바람이 없고 맑은 날씨가 나타난다.

위험한 날씨를 알리는 법

기상학자들은 자연재해가 예상되면 단계별로 예보를 발표해요.

우리나라 행정안전부는 네 단계로, 세계기상정보서비스(WWIS)는 세 단계의 경보로 사람들에게 위험을 알리지요. 단계를 설명하는 말은 다르지만 둘 다 위험이 높아질수록 노란색, 주황색, 붉은색을 사용해요.

우리나라 행정안전부	세계기상정보서비스 (WWIS)	위험 수준
관심	관심	위험한 날씨가 예상된다는 의미예요. 마음의 준비가 필요해요.
주의		
경계	준비	위험한 날씨가 올 가능성이 커졌다는 의미예요. 위험한 곳에서 벗어날 준비를 해요.
심각	실행	사람과 재산에 심각한 피해가 생겼다는 의미예요. 위험한 상황이 계속될 예정이니 지금이라도 빨리 대피해서 안전을 지켜야 해요.

미국의 토네이도 대피소 표지판(왼)과 허리케인 대피를 위해 지정된 고속도로에 세워진 표지판(우).

미리 대비하여 피해를 줄여요

날씨 때문에 위험해질 수 있다는 알림이 오면 대비를 해야 해요. 피해를 입기 전에 미리 준비를 하는 거예요. 예를 들어, 태풍 예보를 들었다면 높은 건물의 유리창에 테이프를 붙여야 해요. 태풍의 강한 바람에 유리창이 깨지는 걸 막기 위해서지요. 집 주변에 바람에 날아갈 물건이 있다면 미리 치워 두고요. 외출할 때에는 떨어질 위험이 있는 간판 주변으로 걸어 다니면 안 돼요. 눈이 많이 온다는 예보를 들었다면, 욕조 등에 물을 미리 받아 놓아요. 눈이 많이 오면 수도관의 물이 얼어서 안 나올 수 있거든요. 되도록 외출은 하지 않는 것이 좋지만, 꼭 외출을 해야 한다면 옷을 여러 겹 입어요. 준비만 잘 해도 피해를 줄일 수 있답니다.

어서 피하세요!

태풍, 대설, 호우 때문에 대피해야 한다는 알림이 오면 어서 안전한 곳으로 이동해야 해요. 산길, 해안가나 계곡 근처에 있다면 특히 위험하니 서둘러야 하지요. 위험한 날씨를 버틸 수 있다고 생각하면 안 돼요! 그런 생각은 여러분뿐만 아니라 구조 요원들의 생명까지 위험에 빠트릴 수 있어요.

거대한 먼지 폭풍, 하부브

하부브는 전 세계의 사막에서 발생하는 엄청난 먼지 폭풍을 뜻해요. 천둥 번개를 몰고 오는 구름의 아래쪽에서 뿜어져 나오는 차가운 공기가 사막을 지나면서 만들어지는 엄청난 흙과 먼지들이지요. '모래 벽'이라고도 불러요. 치명적인 폭풍은 아니지만 그 안에 갇힌다면 먼지 때문에 기침이 나고 눈이 따가울 거예요. 그러니 먼지 폭풍이 완전히 지나갈 때까지 실내에 머물러야 한답니다.

잠깐 상식! '하부브(Haboob)'는 아랍어로 '엄청나게 불어 대는'이라는 뜻이에요.

용감한 폭풍 추적가

폭풍 추적가는 폭풍 연구에 필요한 자료를 얻거나 기가 막힌 사진, 영상을 찍는 사람들이에요.
종종 생명의 위험을 무릅쓰며 폭풍 속으로 뛰어들어야 하기 때문에 아무나 할 수 없지요. 폭풍 추적은 꽤 복잡한 일이기도 해요. 폭풍을 발견하고, 추적하고, 기록하기 위해서 수십 명의 사람들이 함께 일해야 하니까요.

폭풍 추적 차
폭풍 추적 차에는 두 가지 중요한 임무가 있어요. 엄청나게 무거운 장비를 운반하는 것과 폭풍 추적가들을 안전하게 보호하는 일이에요. 폭풍 추적 차는 안과 밖에 수많은 장비가 있어요. 차 위쪽에는 폭풍을 측정하고 추적하는 장비가 있고, 안에는 컴퓨터와 무전기, GPS*가 있지요.
차체는 시속 322킬로미터로 부는 바람과 12.7센티미터 크기의 우박을 견딜 수 있을 만큼 강해요. 유리창은 총알도 뚫을 수 없는 방탄 소재로 되어 있고, 바깥을 촬영할 수 있도록 투명해요.

탐사 탑 — 바람의 구조를 알아내요.

기둥 장비 — 빠르게 달리는 중에도 정확한 자료를 얻게 해 줘요.

도플러 레이더 — 폭풍을 추적해요.

리프트 게이트 — 181킬로그램의 탐사 탑을 들어 올려 고정시켜요.

공기 압축기와 안전 장치 — 3629킬로그램을 버틸 수 있는 장비가 있어서 차량을 고정시키거나 무거운 것을 끌 수 있어요.

폭풍을 추적하는 트위스트엑스 팀의 폭풍 추적 차

잠깐 상식! 폭풍 추적가는 토네이도의 통로라고 알려진 곳에서 매년 수백 개의 토네이도를 추적해요.

*GPS(위치 확인 시스템): 위성이 보내는 신호로 사용자의 현재 위치를 알 수 있는 시스템.

폭풍 추적가 빌 올니가 2011년 8월에 미국을 덮친 허리케인 이렌느 속에서 일하고 있어요.

따라 하지 마세요!

폭풍 추적은 전문가에게도 위험한 일이에요. 그러니 절대 따라 하지 마세요. 폭풍의 강한 바람을 느끼고 싶다면 보라매 안전 체험관, 광나루 안전 체험관 등 재난 안전 체험관을 방문해 보세요. 안전하게 폭풍의 위력을 느껴 볼 수 있답니다.

탐험가 인터뷰

토네이도를 추적하려면 토네이도가 지나가는 길에 '탐사기'라고 하는 전자 기록 도구를 설치해야 해요. 사진 속 빨간색 탐사기는 내가 직접 설계한 '거북이 탐사기'지요. 탐사기를 설치하고 재빨리 도망가는 사람이 바로 나예요! EF4의 강력한 토네이도가 바로 91미터 앞에 있었거든요! 내가 토네이도에 가장 가까이 다가간 기록이었지요. 잔해들이 머리 위를 날아다니고, 전봇대가 뽑혀 공중으로 날아가고, 도로가 부서지고 있었어요. 토네이도는 옥수수밭을 지나면서 옥수수들을 모두 쓰러뜨렸답니다.

여러 각도로 폭풍을 촬영할 수 있는 비디오 탐사기예요.

자연의 힘 vs 사람의 힘
위대한 날씨

날씨는 너무나 거대한 현상이라 얼마나 강력하고 위험한지 예측하기 어려워요. 예를 들어 태풍의 눈은 위성 사진에서 작은 점처럼 보이지만, 실제로는 서울에서 수원까지의 거리만큼 크기도 하지요. 날씨를 우리 생활에서 쉽게 접할 수 있는 것과 비교해 보세요. 날씨가 얼마나 강력한지 이해하기 쉬울 거예요.

번개는 얼마나 강력할까요?

번개는 한 번 내리칠 때 약 250킬로와트시*의 전기를 만들어요. 한 집에서 2주 동안 사용할 수 있는 전기의 양이에요.

토네이도 속도

보통 시속 50킬로미터로 땅 위를 지나가는 토네이도는 전동 킥보드가 가장 빠르게 달리는 속도보다 2배 더 빨라요.

*킬로와트시(kWh): 전기가 한 일의 총량을 나타내는 단위. 100와트인 전구를 10시간 동안 사용한 에너지의 양이 1킬로와트시다.

햇볕으로 달걀 프라이를 만들 수 있을까요?

햇볕이 아주 강한 날 아스팔트나 자동차 위에서 달걀을 부치면 흰자가 익을 수 있어요. 하지만 태양열만으로 속까지 완전히 익히기는 어려워요.

태풍은 얼마나 빠를까요?

풍속이 시속 250킬로미터 이상인 초강력 태풍은 경찰차가 달릴 수 있는 최고 속력보다 빨라요.

눈송이 하나는 얼마만큼의 비일까요?

눈송이는 크기와 모양이 아주 다양해서 포함하고 있는 물의 양도 각각 달라요. 하지만 일반적으로 지름이 25센티미터의 눈덩이는 25밀리미터의 비와 같아요.

4 재미있는 날씨 정보

썰매 타기, 스케이트 타기, 눈사람 만들기, 스키 타기까지! 추운 날 할 수 있는 재미있는 일은 엄청 많아요.

날씨 탐정으로 변신!

지금까지 배운 **날씨 지식**을 떠올리며 **오늘 날씨**를 예측해 보세요.

태풍 이름 붙이기

태풍은 한꺼번에 여러 개가 생길 수도 있어요. 그래서 헷갈리지 않도록 각각의 이름을 붙이지요. 태풍에는 우리나라, 필리핀, 태국 등 14개 나라가 10개씩 지은 이름 140개를 순서대로 붙여요. 모두 사용하면 첫 번째 이름부터 다시 사용하지요. 1년에 약 25개의 태풍이 생기니 140개를 다 사용하려면 4~5년 정도 걸려요. 단, 그해에 심각한 피해를 입힌 태풍의 이름은 더 이상 사용하지 않고 다른 이름으로 바꾼답니다. 우리나라가 내놓은 태풍 이름은 무엇일까요? 기상청 날씨누리 홈페이지(weather.go.kr)에서 확인해 보세요.

무슨 구름일까요?

아래 사진의 구름 이름을 알아맞혀 보세요. 그다음 ⓐ~ⓓ까지 글자가 뒤섞인 구름의 이름을 바르게 고쳐서 알맞은 구름과 짝지어 보세요.

- ⓐ 구비름쌘
- ⓑ 름구층
- ⓒ 름새털구
- ⓓ 구름쌘

정답: 1-ⓓ 쌘구름, 2-ⓐ 쌘비구름, 3-ⓒ 새털구름, 4-ⓑ 층구름

	비의 양	기온	기압	구름 모양
월요일	0	32.2도	1015.9 헥토파스칼*	적운
화요일	6.3 밀리미터	30.5도	1008.1 헥토파스칼	층운
수요일				
목요일				
금요일				

우리 동네 날씨를 관찰해요

앞으로 2주 동안 주변의 날씨를 관찰할 거예요. 공책, 음료수 캔, 자, 야외용 온도계가 필요하니 준비해 두고요. 준비를 마쳤다면 먼저 공책에 위의 그림처럼 표를 만들어요.
비의 양을 알려면 작은 음료수 캔을 1시간 동안 밖에 두세요. 캔을 지붕 아래 두어서는 안 돼요. 1시간이 지나면 자를 이용해서 캔에 담긴 비의 양을 재요. 기온은 온도계에 표시된 온도를 기록하고요. 집으로 돌아온 뒤에는 기상청 날씨누리 홈페이지에서 그날의 기압을 확인해요. 2주 후에 표를 살펴보면 우리 동네 날씨가 어떻게 변했는지 한눈에 볼 수 있어요.

잠깐 상식! 오스트레일리아의 기상 예보관들은 한때 태풍에 사람들이 싫어하는 정치인의 이름을 붙이기도 했어요.

*헥토파스칼: 기압의 단위. 기호는 hPa이며, 1기압은 1013.25헥토파스칼이다.

날씨가 나빠질 때는…

자연재해가 오기 전에는 단단히 대비를 해야 해요.
사람에 따라 중요한 결정을 해야 할 수도 있고요. 반대로 재미있는 일을 할 수도 있어요. 다음은 날씨에 따라 벌어질 수 있는 여러 가지 상황들이에요.

밤새 눈이 많이 왔어요!
내가 교장 선생님이라면…

아침에 일어나니 눈이 2.5센티미터 정도 쌓여 있어요. 여러분은 학교의 교장 선생님으로서 휴교를 할지 말지 중요한 결정을 내려야 하지요. 고려해야 할 것들은 아래와 같아요.

- 땅에는 2.5센티미터의 눈이 쌓여 있고, 5센티미터가 더 내릴 것으로 예상돼요.
- 길은 얼어 있어요.
- 80퍼센트의 학생들이 버스를 이용해서 등교해요.
- 50퍼센트의 선생님들이 다른 도시에서 출근해요.
- 오늘은 수학 시험을 보는 날이에요.
- 눈 때문에 휴교할 수 있는 날은 1년에 4일인데, 3일은 이미 사용했어요.

휴교를 해야 할까요? 찬성과 반대의 이유를 각각 볼게요.

찬성 휴교를 해야 합니다. 무엇보다 안전이 제일 중요하므로 집에 머물러야 해요.

반대 더 큰 일이 닥칠지도 모르는데 휴교할 수 있는 날을 모두 사용해 버릴 수는 없어요.

여러분은 어떤 결정을 했나요?

대부분의 교장 선생님은 안전을 우선으로 합니다. 하지만 선택은 여러분의 몫이에요. 여러분은 어떤 선택을 했나요?

재난 용품 키트 준비하기

재난 용품 키트는 날씨 때문에 일어난 비상 상황에 도움을 주어요. 특히 전기가 끊어졌을 때 도움이 되지요. 다음은 비상시에 한 사람에게 일주일 동안 필요한 물건들이에요. 아래 물건들을 집이나 차에 항상 준비해 놓도록 해요.

- 하루 3.8리터 이상 마실 물
- 담요
- 옷
- 세면 도구(비누, 치약 등)
- 응급 의료 키트
- 손전등
- 라디오
- 건전지
- 충전된 휴대전화 보조 배터리
- 통조림으로 된 음식
- 게임, 책, 초콜릿

단것이나 장난감, 게임기 같은 것들은 비상 상황을 견디는 걸 도와줘요.

태풍이 오면…

아래 사진을 보면서 태풍이나 토네이도처럼 큰 피해를 줄 수 있는 날씨에 집 안팎의 물건들을 어떻게 안전하게 보관할지 생각해 보세요. 네모 칸 안에 있는 물건 중 다른 곳으로 옮기거나 잘 잠가 두거나 집 안으로 가져 가야 할 것은 무엇일까요? 아래 밑줄에 알맞은 물건을 골라 써 보세요.

자전거	택배 상자들
화분	가방
운동 기구	반려동물
잔디 깎는 기계	문

태풍이 오기 전에는 이렇게 대비해요.

1. 집 안으로 통하는 _____을(를) 모두 닫아요.
2. 방수포로 _____을(를) 덮어요.
3. _____을(를) 차고 안으로 옮겨요.
4. 바람에 날아갈 수 있는 _____을(를) 집 안으로 가져가요.

정답 1-문 / 2-화분 / 3-자전거, 운동 기구, 잔디 깎는 기계 / 4-반려동물, 가방, 택배 상자들

잠깐 상식! 토네이도에 빨려 올라간 물건이 몇 킬로미터 떨어진 곳에서 발견되기도 해요.

날씨 미신의 진실을 밝혀라!

사람들은 오래전부터 날씨에 관심이 많았어요.

그래서 여러 가지 날씨 현상을 과학적으로 확인할 수 없었을 때에 날씨와 관련된 미신들을 많이 만들었지요. 아래 미신들 중 어떤 것이 사실이고 거짓인지 맞춰 보세요.

- **A** 전깃줄 위에 새들이 줄지어 앉아 있으면 비가 온다.
- **B** 소들이 들판에 누우면 날씨가 나빠진다.
- **C** 벌들이 벌집으로 돌아가면 곧 비가 온다.
- **D** 갈매기들이 육지로 돌아오면 곧 비가 온다.
- **E** 개들이 풀을 먹으면 심한 폭풍이 온다.
- **F** 돼지들이 나뭇잎과 짚을 모으면 폭풍이 곧 몰아친다.

A. 거짓
새들이 전깃줄에 앉아 있는 것과 날씨는 관계가 없어요. 그냥 쉬는 거지요. 단, 이동하던 철새가 기압이 낮아진 것을 느끼고 비가 지나갈 때까지 전기줄에 앉아 기다릴 수는 있어요.

B. 거짓
소들이 들판에 눕는 데에는 여러 가지 이유가 있어요. 되새김질을 할 때 눕거나 그냥 피곤해서 눕기도 하지요. 태풍이 오면 소들은 나무 아래 같은 피할 곳을 찾을 가능성이 더 높아요.

C. 사실
꿀벌은 몸통에 있는 민감한 털로 기압의 변화를 느껴요. 기압이 내려가는 걸 느끼면 자기 몸집만큼 큰 빗방울을 피하기 위해 벌집으로 돌아가요.

잠깐 상식! 우리나라에는 계절을 구분하는 데 기준이 되는 24개의 절기가 있어요.

D. 사실

새들도 기압이 내려가는 걸 느낄 수 있어요. 갈매기도 마찬가지지요. 갈매기는 강한 바람 속에서 나는 것을 좋아하지 않기 때문에 기압이 낮아져 비가 올 것을 예상하면 먼 바다 위 하늘을 날다가도 육지로 돌아와요. 해변에 갑자기 갈매기가 많아지면 곧 비가 올 가능성이 높으니 집으로 돌아가는 것이 좋아요.

E. 거짓

개들도 가끔 풀을 먹어요. 개는 여러 가지 음식을 먹는 잡식 동물이거든요. 다양한 음식을 먹어 보는 것이지요. 위가 불편할 때도 풀을 씹어요. 하지만 개들이 풀을 먹는 것과 날씨는 아무런 상관이 없답니다.

F. 거짓

돼지는 짚이나 나뭇잎처럼 부드러운 식물로 보금자리를 만드는 강한 본능이 있어요. 날씨와는 전혀 관계가 없어요.

봄이 왔음을 알려 주는 동물

우리나라엔 '경칩'이라는 절기가 있어요. 겨울잠을 자느라 숨어 있던 개구리가 따뜻해진 날씨에 놀라서 깨어난다는 뜻이지요. 다시 말해, 개구리가 보이면 봄이 오고 있다는 거예요. 미국에도 우리나라의 개구리처럼 봄을 알리는 '마멋'이라는 동물이 있어요. 매년 2월 2일, 마멋이 나와 굴을 떠나면 봄이 가까이 다가온 것이고, 다시 굴로 들어간다면 겨울이 6주 더 계속된대요. 독일에도 이와 비슷하게 고슴도치가 봄을 알려요.

신화 속 날씨

거의 모든 문화에 날씨와 관련된 신화가 있어요. 옛날 사람들은 신들이 하늘, 물, 공기와 날씨를 조종한다고 믿었기 때문이지요. 고대 그리스인들은 제우스가 구름, 비, 천둥, 번개를 조종하는 신이라 믿었어요. 이리스는 신들의 메시지를 전하는 무지개의 여신이고요. 무지개처럼 이곳 저곳을 이으며 신들의 심부름을 했다고 해요.

우리의 생활과 날씨

날씨와 우리 생활은 떼려야 뗄 수 없어요.
이를테면 날씨는 오늘 여러분이 입을 옷을 정하는데 영향을 주어요. 그러니 우리는 좋든 싫든 날씨에 관심을 가져야 해요.

부분을 보고 전체를 맞춰요
날씨와 관련된 물건들을 아주 가까이에서 찍은 사진들이에요. 무엇인지 한번 맞춰 보세요!

정답 ❶-선글라스, ❷-우산, ❸-비옷, ❹-장화, ❺-장갑, ❻-털모자, ❼-잠퍼, ❽-모자, ❾-수영복

잠깐 상식! 계절에 대한 노래는 셀 수 없을 정도로 많아요.

영화 속 날씨

날씨는 영화 속 장면을 더 극적으로 만들어 주어요. 그래서 영화 제작자들은 비현실적으로 험한 날씨를 표현하기 위해 특수 효과를 사용한답니다. 가끔 과학적인 사실을 무시하고 쓰기도 해요!

오즈의 마법사

1939년에 상영한 영화 「오즈의 마법사」 제작자들은 토네이도 장면을 만들기 위해 공항에서 바람의 방향을 표시하기 위해 설치한 바람자루가 토네이도의 깔때기 모양과 닮았다는 점을 떠올려 10미터가 넘는 주머니를 만들었어요. 그런 다음 주머니의 한쪽은 무대 위 강철 구조물에, 다른 한쪽은 무대 아래 구멍에 연결해서 서로 다른 방향으로 움직였지요. 토네이도의 먼지와 파편을 표현하기 위해 갈색 먼지도 뿌렸어요. 이 장면은 영화에서 가장 많은 제작 비용이 든 특수 효과였답니다.

퍼시 잭슨과 번개 도둑

어마어마한 번개가 치는 빌딩 위로 배우들이 날아다니는 장면을 찍기 위해서 영화 제작자들은 먼저 뉴욕 시내를 촬영했어요. 배우들은 스튜디오에서 줄을 매달고 연기를 했고요. 그런 다음 특수 효과 전문가들이 배우들이 등장하는 장면과 뉴욕의 배경을 합성하고 번개 효과를 연출했어요.

하늘에서 음식이 내린다면

하늘에서 떨어지는 음식을 나타내기 위해 영화 제작자들의 손은 아주 지저분해졌어요. 음식이 떨어질 때 어떤 모양이 되는지 보려고 옥상에서 아래로 진짜 음식을 던졌거든요. 그 모양을 토대로 진흙으로 모형을 만들고 특수 조명을 이용해서 모형이 먹음직스럽게 보이도록 했어요. 이 장면을 위해 무려 80가지 음식 모형을 만들었다고 해요.

트위스터

「오즈의 마법사」가 나온 지 57년 후에야 영화 제작자들은 컴퓨터를 사용해 토네이도 장면을 연출할 수 있었어요. 한 회사가 토네이도 안의 먼지 입자들까지 만들어 내는 기술을 개발한 거예요. 게다가 폭풍에 날아다니는 잔해들은 비행기 엔진을 동원해 촬영한 것이랍니다. 이후 이 영화는 컴퓨터 특수 효과의 표본이 되었어요.

탐험가가 들려주는 뒷이야기

이렇게 멋진 토네이도 가까이에 있다니!

이 사진은 2004년 5월 29일 오후 6시 30분쯤 우리 팀이 직접 찍은 토네이도예요. 몸의 모든 감각이 깨어나는 순간이었지요. 우리는 귀를 스치는 엄청난 바람 소리를 느끼면서 토네이도의 모습을 자세히 볼 수 있었어요.

이날 특히 더 대단했던 건, 하나의 폭풍에서 다섯 개의 토네이도가 나왔다는 거예요! 물론 사진 속 토네이도가 가장 볼 만했지만요. 토네이도를 쫓을 때에는 엄청난 소용돌이가 뿌려 대는 나무들과 각종 쓰레기들이 우리 앞에 떨어져서 따라가기 무척 힘들었어요. 몇 번이나 차에서 내려 길을 막고 있는 전봇대를 치워야 했지요.

이렇게 거센 토네이도를 쫓는 게 위험하지 않냐고요? 현장에서 토네이도에 가까이 다가가는 건 흔한 일이에요. 토네이도가 지나가는 길에 탐사기들을 놓아야 하기 때문이에요. 실제로 이날보다 더 가까이 다가간 적도 있어요. 아주 위험한 일이라서 그만큼 단단히 대비한답니다.

토네이도를 예측하는 건 아주 어려워요. 세계 최고의 과학자도 정확하게 어디에서 토네이도가 나타날지 이야기해 줄 수 없지요. 토네이도가 만들어지려면 기압, 온도, 습도, 풍속, 바람의 방향 같은 환경이 완벽해야 해요. 우리처럼 폭풍 추적가가 하는 일은 그 완벽한 환경, 즉 토네이도가 만들어지기에 가장 좋은 환경이 무엇인지, 토네이도는 왜 그렇게 강력해지는지 연구하는 것이랍니다.

강력한 토네이도가 먼지바람을 일으키고 있어요. 이 사진을 찍은 폭풍 추적가 팀 사마라스는 2013년에 미국 중부를 강타한 토네이도를 조사하던 중 순직했어요.

토네이도가 지나간 후에

2007년, 엄청난 토네이도가 캔자스주 그린스버그 마을을 초토화시켰어요.

자연의 힘 앞에서 인간은 한없이 약해요.
하지만 여기에서는 자연이 휩쓴 마을을 자연의 힘으로 다시 세운 사례를 소개하려고 해요.

2007년 5월 4일, 마을 전체 면적보다 더 큰 토네이도가 미국 캔자스주 그린스버그라는 마을을 강타했어요. 개량 후지타 등급 5등급의 초강력 토네이도로, 시속 330킬로미터가 넘는 풍속이었지요. 이 토네이도 때문에 11명이 죽고 마을 건물의 약 95퍼센트가 무너졌어요. 나머지 5퍼센트도 심하게 훼손되었고요.

마을 사람들은 모든 걸 처음부터 다시 세울 수밖에 없었어요. 아주 절망적인 상황이었지요. 하지만 끔찍한 토네이도도 마을 사람들의 정신마저 무너뜨리지 못했어요. 사람들은 마을을 복구하는 계획을 세우며 마을의 이름에 충실하기로 결정했어요. 그린스버그(Greensburg)의 '그린(green)', 그러니까 환경 친화적으로 마을을 다시 세우기로 한 거예요. 그래서 마을에 짓는 거의 대부분의 건물을 친환경 건축물 최고 기준에 맞추어 지었어요.

새로운 건물에는 이전보다 더 튼튼하고 에너지 효율이 높은 창문을 설치했어요. 창문을 통해 따뜻한 햇빛이 충분히 들어와 에너지 손실을 줄여 주었지요. 뿐만 아니라 공기를 오염시키는 화석 연료 대신 태양 에너지와 바람을 이용한 풍력 에너지를 통해 전력을 얻었어요.

그린스버그는 이제 재해가 일어난 뒤 도시를 복구한 좋은 예가 되었어요. 모든 걸 잃어도 더 나은 미래를 위한 마음만 있다면 다시 일어설 수 있다는 걸 보여 준 거예요. 마을의 새로운 구호는 이렇게 정해졌답니다.

"더 강한, 더 나은, 더 푸른 복구!"

마을 주민들은 지속 가능한 에너지와 친환경적인 재료로 건물을 세우고 마을을 복구했어요.

풍차는 바람의 힘을 이용하여 그린스버그 주민들에게 전력을 공급해 주어요.

가을철 예쁘게 물든 나무들 사이에서 아이들이 즐거운 시간을 보내고 있어요. 선선하거나 따뜻한 날씨가 되면 사람들은 밖으로 나와요.

도전! 날씨와 재해 박사
퀴즈를 풀며 용어를 익혀요

강한 바람에 보트의 돛이 부풀려졌어요.

여러분의 날씨와 재해 지식을 확인할 시간! 다음 용어의 뜻을 잘 읽고 표시된 페이지로 가서 쓰임을 확인하세요. 이어지는 퀴즈까지 맞혔다면, 여러분을 날씨와 재해 박사로 인정합니다!

1. 강수
하늘 위 구름에서 땅으로 떨어지는 물방울이나 얼음 조각 (16쪽)

다음 중 강수가 아닌 것은 무엇인가요?
a. 비
b. 눈
c. 번개
d. 진눈깨비

2. 권운(새털구름)
높은 하늘에 얇게 걸려 있는 구름. 듬성듬성한 머리카락처럼 생겼다. (15쪽)

권운은 무엇으로 이루어져 있나요?
a. 바람
b. 작은 얼음 알갱이
c. 따뜻한 물
d. 모래

3. 대류권
대기의 가장 낮은 층. 지구 표면에서 가장 가깝다. (13쪽)

다음 중 대류권에서 나타나는 것은 무엇인가요?
a. 바람
b. 강수
c. 구름
d. a, b, c 전부

4. 슈퍼셀
빠르게 회전하는 구름 (24쪽)

다음 중 슈퍼셀로 생기는 날씨는 무엇인가요?
a. 가뭄
b. 토네이도
c. 허리케인
d. 홍수

5. 응결
수증기가 물방울이 되는 현상 (19쪽)

어떤 공기가 수증기를 물방울로 만드나요?
a. 습한 공기
b. 따뜻한 공기
c. 차가운 공기
d. 바람

6. 적란운(쌘비구름)
하늘 위로 곧게 뻗은 괴물 구름 (15쪽)

적란운이 생기면 어떤 날씨가 될까요?
a. 맑음
b. 비나 우박
c. 폭염
d. 안개

7. 층운(층구름)
땅 가까이 차갑고 습한 공기가 지나갈 때 생기는 구름 (15쪽)

층운이 생기면 무엇을 준비해야 할까요?
a. 선크림
b. 우산
c. 선글라스
d. 밀짚모자

8. 폭풍 추적가
토네이도, 허리케인 등 극한의 날씨를 연구하는 사람 (40쪽)

폭풍 추적가가 하는 일이 아닌 것은 무엇인가요?
a. 폭풍 추적 탐사기를 설계한다.
b. 폭풍 사진이나 영상을 찍는다.
c. 폭풍 연구에 필요한 자료를 얻는다.
d. 토네이도를 발견하면 도망간다.

9. 하부브
구름의 아래쪽에서 뿜어져 나오는 차가운 공기가 사막을 지나면서 만들어지는 엄청난 흙과 먼지 (39쪽)

하부브의 다른 이름은 무엇인가요?
a. 오로라
b. 구상 번개
c. 불무지개
d. 먼지 폭풍

10. 허리케인
강한 바람과 많은 비를 가진 폭풍. 한가운데까만 점처럼 보이는 '눈'이 있다. (22쪽)

허리케인과 성격이 비슷하지 않은 것은 무엇인가요?
a. 태풍
b. 사이클론
c. 열대저기압
d. 몬순

11. 기압
지구의 공기가 누르는 힘 (13쪽)

다음 중 괄호 안에 들어갈 알맞은 말은 무엇인가요?
기압이 ( ) 비나 폭풍이 올 수 있어요.
a. 낮으면
b. 높으면
c. 왔다 갔다 하면
d. 일정하게 유지되면

정답 1-c, 2-b, 3-d, 4-b, 5-c, 6-b, 7-b, 8-d, 9-d, 10-d, 11-a

찾아보기

ㄱ
가뭄 23, 29
갈매기 50
강수 16, 19
강수량 34
개량 후지타 등급 25
겨울밤 35
경칩 51
고슴도치 51
공기 10
공기 압축기 40
구름 14
구상 번개 27
귀뚜라미 35
그린스버그 56
금속 막대기 35
기둥 장비 40
기상 관측 기구 13, 32
기상레이더 37
기상위성 37
기압 13, 36
기압계 13
기후 11
깔때기구름 15, 25
꿀벌 50

ㄴ
날씨 7
남반구 22
노르망디 상륙 작전 35
눈 17
눈송이 43

ㄷ
달무리 35
대기 10
대기권 13
대류권 13
대비 38
대피 38
도플러 레이더 40
돌풍 10
돼지 50
두루마리눈 27
들판 50
등급 23
땅 11

ㄹ
라디오존데 32
리프트 게이트 40

ㅁ
마멋 51
먼지 53
먼지바람 54
몬순 29
무지개 8
물기둥 25
물방울 16
물의 순환 18
뭉게구름 14
미신 50

ㅂ
바람 10
바람의 방향 53
번개 10, 23, 53
벤자민 프랭클린 35
복구 56
북반구 22
북서태평양 34
불기둥 25
불무지개 27
불의 악마 25
비디오 탐사기 41
비옷 52
비행기 엔진 53

ㅅ
새털구름 15
선글라스 52
선크림 12
섭씨 17
성층권 13
세계기상정보서비스 38
소 50
수영복 52
수증기 28
순직 54
슈퍼셀 24
습도 32, 54
신화 51
쌘구름 15
쌘비구름 15

ㅇ
아스팔트 43
애틀랜티스호 35
어는비 16
얼음 알갱이 16
얼음 조각 16
에너지 56
역사 35
열권 13
열대저기압 28
영화 제작자 53
오로라 13, 26
오즈의 마법사 27, 53
온난전선 36

온도 17, 54
외기권 13
우박 17
우산 52
우주왕복선 35
유수 18
음식 53
응결 19
입자 26

ㅈ
자연재해 26
자외선 12
자외선 차단 지수 12
장갑 52
장화 52
재난 용품 키트 48
재해 7
적란운 15
적운 15
전기 23, 35
전깃줄 50
중간권 13
증발 18
지진 11
진눈깨비 16

ㅊ
천둥 23
측우기 34
층구름 15
층운 15
친환경 56
침투 19

ㅋ
킬로와트시 42

ㅌ
탐사 탑 40
태양 12
태풍 20
태풍 이름 46
털모자 52
토네이도 10, 24, 28, 53, 54

트위스터 53

ㅍ
파괴력 22
폐색전선 36
폭설 23
폭풍 추적 차 40
폭풍 추적가 40
폭풍해일 20
풍속 54

풍차 57

ㅎ
하부브 39
한랭전선 36
행정안전부 38
허리케인 22
홍수 23
화산 11
화상 13

화씨 17
회오리바람 10

사진 저작권

Cover (background), Chris Walsh/StockImage/Getty Images; **(top left),** David Epperson/Photographer's Choice/Getty Images; **(top right),** Harald Sund/Photogrpaher's Choice/Getty Images; **(bottom left),** Jim Reed; **(bottom right),** Warren Faidley/Corbis; **Back Cover,** Michael Durham/Minden Pictures; Hal Pierce/NASA Goddard Space Flight Center; BlueOrange Studio/Shutterstock; **1,** Paul Nicklen/NationalGeographicStock.com; **2,** Steve Raymer/NationalGeographicStock.com; **4,** PA Photos/Landov; **6–7,** Warren Faidley/www.weatherstock.com; **7,** Carston Peters/NationalGeographicStock.com; **8–9,** Danny Lehman/Corbis; **10 (top),** Reed Timmer and Dean Schoeneck/Jim Reed Photography/Corbis; **10 (center),** Adam Jones/Visuals Unlimited/Corbis; **10 (bottom),** Paul Katz/Photolibrary/Getty Images; **11,** Balanca Erwan/StockImage/Getty Images; **11 (top right),** Mike Kemp Images/Corbis; **11 (bottom right),** beboy/Shutterstock; **12,** Mark Thiessen/National Geographic Creative/Getty Images; **12 (bottom),** First Light/Alamy; **13,** Carol Schwartz/NationalGeographicStock.com; **13 (left),** Rob Kemp/Shutterstock; **14 (top),** Richard Peterson/Shutterstock; **14 (bottom left),** Leonid Tit/Shutterstock; **14 (bottom right),** SIME/eStock Photo; **15,** Carol Schwartz/NationalGeographicStock.com; **16 (left),** Richard T. Nowitz/Corbis; **16 (top right),** John Churchman/Corbis; **16 (bottom right),** Brand X; **17 (top left),** Eric Nguyen/Corbis; **17 (bottom),** Alan and Sandy Carey/Getty Images; **17 (top right),** AJPhoto/Photo Researchers, Inc.; **18–19,** Bamboosil/age fotostock; **18 (Background),** holbox/Shutterstock; **20,** Mike Hill/Alamy; **22,** Hal Pierce/NASA Goddard Space Flight Center; **23 (top** left), Warren Faidley www.weatherstock.com; **23 (top right),** Hiroyuki Matsumoto/Getty Images; **23 (bottom right),** Fernando Bustamante/Associated Press; **23 (bottom left),** A & J Verkaik/Corbis; **24,** Lori Mehmen/Associated Press; **25 (top left),** Gene Blevins/LA Daily News/Corbis; **25 (top center left),** Warren Faidley/www.weatherstock.com; **25 (left center),** Jim Reed; **25 (bottom left),** Neil Bookman/National Geographic My Shot; **25 (top right),** Susan Law Cain/Shutterstock; **25 (top center right),** Brian Nolan/iStockphoto.com; **25 (right center),** Susan Law Cain/Shutterstock; **25 (center),** Judy Kennamer/Shutterstock; **25 (bottom right),** jam4travel/Shutterstock; **25 (bottom center),** jam4travel/Shutterstock; **26 (bottom),** Roy Samuelsen/National Geographic My Shot; **26 (top),** Stephen Dalton/Minden Pictures/Getty Images; **27 (top left),** FGR/Spectrum Photofile; **27 (bottom left),** Larry Landolfi/Photo Researchers, Inc.; **27 (right),** Cathy & Gordon ILLG/www.advenphoto.com; **28 (bottom),** Jim Lopes/Shutterstock; **29 (top),** Galyna Andrushko/Shutterstock; **29 (bottom),** BlueOrange Studio/Shutterstock; **30 (top left),** Frans Lanting/Corbis; **30 (top right),** Paul Souders/WorldFoto; **30 (bottom left),** Ingram Publishing/Getty Images; **30 (bottom right),** Paul Nicklen/NationalGeographicStock.com; **31 (top),** Zajac David/National Geographic My Shot; **31 (bottom center left),** Chris Johns/ NationalGeographicStock.com; **31 (bottom left),** Rob Howard/Corbis; **31 (bottom right),** George Grall/National Geographic Creative Getty Images; **32–33,** Peter Menzel/Photo Researchers, Inc.; **34,** Marc JacksonAxiom/Photolibrary; 35 (top), The Granger Collection, NY; **35 (top center),** Gene Blevins/LA DailyNews/Corbis; **35–36 (bottom center),** MPI/Getty Images; **35–36 (bottom),** Bettmann/Corbis; **36,** Image Source Bank/Jupiter Images/Getty Images; **37 (top),** NASA/Science Source/Photo Researchers, Inc.; **37 (bottom),** Science Faction/Getty Images; **38 (top),** Randall Hill/Myrtle Beach Sun-News/MCT/Newscom; **38 (bottom right),** Warren Faidley/Corbis; **38 (bottom center),** Mark Winfrey/Shutterstock; **38 (bottom** left), Steve Shepard/iStockphoto.com; **39,** Michael Freeman/Corbis; **40,** courtesy Tim Samaras; **41 (top left),** Chris Urso/Tampa Tribune/Associated Press; **41 (top right),** Gene Blevins/LA Daily News/Corbis; **41 (bottom),** Carsten Peter/NationalGeographicStock.com; **42 (top),** Mike Theissen/NationalGeographicStock.com; **42 (bottom),** karamysh/Shutterstock; **43 (top left),** AISPIX/Shutterstock; **43 (top right),** tiorna/Shutterstock; **43 (left center),** Warren Faidley/Photolibrary; **43 (right center),** Sergei Bachlakov/Shutterstock; **43 (bottom left),** John Burcham/NationalGeographicStock .com; **43 (center, right),** geralt/ Pixabay; **43 (bottom right),** Jessie Jean/Iconica/Getty Images; **44,** Carson Ganci/Design Pics/Photolibrary; **46 (left),** Lars Christensen/Shutterstock; **46 (left center),** Studio 37/Shutterstock; **46 (right center),** Frans Lanting/NationalGeographicStock.com; **46 (right),** Daniel Loretto/Shutterstock; **47 (top),** Garsya/Shutterstock; **47 (bottom),** Cindy Charles/PhotoEdit Inc.; **48 (top left),** Petr Malyshev/Shutterstock; **48 (top center),** Wuttichok/Shutterstock; **48 (top right),** dcwcreations/Shutterstock; **48 (bottom left),** John Burke/Brand X/Getty Images; **48 (left center),** Steve Collender/Shutterstock; **48 (middle center),** mihalec/Shutterstock; **48 (bottom right),** Esteban De Armas/Shutterstock; **48 (right center),** cristi180884/Shutterstock; **49 (background),** Drive Images/age fotostock; **49 (bottom left),** Chas/Shutterstock; **49 (left center),** Panosgeorgiou/Shutterstock; **49 (top left),** HelgaChirkova/Shutterstock; **49 (top right),** Linn Currie/Shutterstock; **49 (bottom right),** Olga Kadroff/Shutterstock; **50 (top),** val lawless/Shutterstock; **50 (bottom),** Adrian Muttitt/Alamy; **51 (top left),** Leelaryonkul/Shutterstock; **51 (top center),** emberiza/Shutterstock; **51 (center),** Juniors Bildarchiv/age fotostock; **51 (bottom left),** kasa.dome/Shutterstock; **51 (top right),** Jason Cohn/Reuters/Corbis; **51 (top center left),** Peter Waters/Shutterstock; **51 (top center right),** Irin-k/Shutterstock; **51 (bottom right),** Daniela HoferF1 ONLI/age fotostock; **52 (1),** Teeratas/Shutterstock; **52 (2),** NREY/Shutterstock; **52 (3),** Roman Sigaev/Shutterstock; **52 (4),** Regien Paassen/Shutterstock; **52 (5),** Sandra van der Steen/Shutterstock; **52 (6),** Karina Bakalyan/Shutterstock; **52 (7),** Karkas/Shutterstock; **52 (8),** sevenke/Shutterstock; **52 (9),** Chiyacat/Shutterstock; **53 (top left),** MGM/The Kobal Collection/The Picture Desk; **53 (top right),** Fox 2000 Pictures/The Kobal Collection/The Picture Desk; **53 (bottom left),** Sony Pictures Animation/The Kobal Collection/The Picture Desk; **53 (bottom right),** Amblin/Universal/The Kobal Collection/The Picture Desk; **54,** courtesy Tim Samaras; **56,** Joshua Lott/Bloomberg/Getty Images; **56,** Tyrone Turner/ NationalGeographicStock.com; **57,** National Geographic Image Collection/Alamy; **58,** Thomas Barwick/Digital Vision/Getty Images; **60,** John Foxx/Stockbyte/Getty Images; **61,** DK Stock/Getty Images; **63,** Steve Shepard/iStockphoto.com

지은이 캐시 퍼갱
미국 뉴욕주 알바니에 살면서 엄청난 눈보라와 얼음 폭풍을 겪은 덕분에 겨울 날씨에 익숙하다. 14년 동안 작가로서 수십 권의 어린이 책과 과학 교과서를 썼다.

지은이 팀 사마라스
25년 넘게 토네이도를 만드는 깔때기구름을 추적하고 연구했다. 토네이도 최저 압력을 측정하여 기네스 세계 기록을 보유하고 있다. 최초로 토네이도 안쪽 영상을 찍었다. 2013년 미국 오클라호마주에 불어닥친 토네이도를 조사하다가 순직하였다.

옮긴이 이강환
서울대학교 천문학과를 졸업한 뒤 같은 대학원에서 천문학 박사 학위를 받았다. 영국 켄트대학에서 로열 소사이어티 펠로우로 연구했다. 국립과천과학관 연구관, 서대문자연사박물관 관장, 과학기술정보통신부 장관정책보좌관을 역임했고, 사람들에게 과학을 알리는 일을 하고 있다. 지은 책으로 『우주의 끝을 찾아서』, 『빅뱅의 메아리』, 『응답하라 외계생명체』가 있고, 옮긴 책으로 「신기한 스쿨버스」 시리즈, 『우리는 모두 외계인이다』, 『더 위험한 과학책』, 『기발한 천체물리』 등이 있다.

감수 윤성효
부산대학교 사범대학에서 과학교육(지구과학), 부산대학교 대학원과 일본 큐슈대학에서 화산학을 공부하고, 부산대학교 사범대학 지구과학교육과 교수로 재직 중이다. 부산대학교 사범대학장, 한국암석학회장, 한국화산방재학회장, (사)제주화산연구소장을 역임하였고 현재 화산특화연구센터장을 맡고 있으며, 대한민국을 대표하는 화산학자로 백두산 화산을 연구하고 있다. 『자연재해와 방제』, 『백두산 대폭발의 날』, 『지질학 용어의 뿌리』, 『인간과 자연재해』 등 여러 책을 지었다.

1판 1쇄 찍음 - 2021년 9월 15일, 1판 1쇄 펴냄 - 2021년 10월 11일
지은이 캐시 퍼갱, 팀 사마라스 옮긴이 이강환 감수 윤성효 펴낸이 박상희 편집 이혜진, 전지선 디자인 신지아, 신현수, 시다현
펴낸곳 (주)비룡소 출판등록 1994. 3. 17.(제16-849호) 주소 06027 서울시 강남구 도산대로1길 62 강남출판문화센터 4층 홈페이지 www.bir.co.kr
전화 영업 02)515-2000 팩스 02)515-2007 편집 02)3443-4318,9 제품명 어린이용 각양장 도서 제조자명 (주)비룡소 제조국명 대한민국 사용연령 3세 이상

NATIONAL GEOGRAPHIC KIDS EVERYTHING : WEATHER
Copyright © 2012 National Geographic Partners, LLC.
Korean Edition Copyright © 2021 National Geographic Partners, LLC.
All rights reserved.
NATIONAL GEOGRAPHIC and Yellow Border Design are trademarks of the National Geographic Society, used under license.
이 책의 한국어판 저작권은 National Geographic Partners, LLC.에 있으며, (주)비룡소에서 번역하여 출간하였습니다.
저작권법에 의해 한국 내에서 보호를 받는 저작물이므로 무단 전재와 무단 복제를 금합니다.
ISBN 978-89-491-3215-0 74400 / 978-89-491-3210-5 (세트)